시간이 존재에 남긴 흔적에 관하여

박종철 시집

읽기에 앞서

옥천에서도 아주 외진 곳
보청천이 동네를 감싸안은
돌이 많아 붙은 이름
돌목.

손귀한 집 사 남매 중 셋째로 세상 구경 나올 적
아부지는 52세 할아버지, 울 엄마는 40세이셨다.
칠삭동이로 태어났지만,
무탈히 자라서 마을의 으뜸 가는 개구쟁이가 되었다.

아직은 어린 14살에 중학교에 가기 위해
읍내로 유학을 떠난 후
가정을 꾸리기 전까지 15년을 외지에서 홀로 버티었다.

일찍 떠난 고향은 그리운 엄마같아서,
장난꾸러기의 돌묵은 생각만으로도 행복하기에
가슴에만 묻고 꺼내보는 것이 아쉬워

부족하나마 글로 남긴다

독자분들도
고향 생각이 문득 문득 찾아올 때마다
즐거이 그 시절을 추억하며,
행복하길 바라는 맘으로

2024년 더 뜨거워질 여름을 못마땅해하며

읽기에 앞서 2

가을에 쌓인 그리움

한가위의 밤	12
가을의 초대	13
정월 대보름을 앞두고	14
나 어렸을 때	16
은행나무 가로수	18
가을 어느날	19
가을 풍경	20
고향 논두렁에서	22
벌써 오나보다	24
깊은 밤에	26
참 이상한 계절	28
멍석딸기	30
어찌할꼬	33
수채	35
물로 그린 봄	37
사월	39

무제	41
절기	43
백일홍	45
가을을 만드는 것	47
어버이날의 기억	49
친구의 모습	51

겨울에 두고 온 관계

서두르지 말고	54
젊은 날의 나에게	56
무임 승차	58
첫눈의 속삭임	61
때아닌 겨울비	62
곧	64
겨울방학	66
그대가 오신다기에	68
겨울비 내리는 새벽에	69
아버지	71
어머니	72
생각해보니	74
오지 않는 어버이날	75

앞에 놓인 시간

새로운 설렘	80
어둠 속에서 시작하는 하루	82
삶의 행진	84
인생의 모순	85
걷기	87
이젠	88
가는 시간 속	89
별들의 숫자	91
찬 공기	93
해바라기	95
사는 동안	97
이제는	98
변하지 않는 이야기	99
여행하는 마음	100
슬픈 노을	102
그 며칠의 아름다움을	103

인생길	104
철학	106
계산	107
무지의 용기	108
오늘	110
영원의 순환	111
그대여 보구려	113
우리가 만든 세월의 강	115
바람	117

에필로그

소중한 당신께 120

1부

가을에 쌓인
그리움

한가위의 밤

어둠이 내리면, 집 마당엔
풀벌레들의 콩콩대회, 찌르르 찌르르
아직 푸른 대추나무, 그러나 이미 달콤한 향기
가는 여름 아쉬운 매미는 말없이 고개를 떨구고

푸른 잔디 위, 방아깨비는 이리저리 뛰며
짝을 찾으려 분주한 몸짓
밤송이는 이제 때가 왔다며
갈색 알밤을 토해내고

여치는 한가위 맞이하느라
분주한 발걸음, 잿빛 꼬까옷으로 갈아입고
새벽이 오는데도, 콩콩대회는 한참 이어지네

삶은 이렇게도 분주한 것
그러나 어둠 속에서도
희망의 소리, 멈추지 않네

가을의 초대

가을이 이슬을 타고 다가오면
잔디밭 한 모퉁이에 작은 집을 짓고
코스모스를 옮겨
가을이 머물 곳을 준비해야겠다

가을 곁에서 나는
새 옷을 입고 하늘 높이 뭉게구름을 타며
그리운 얼굴을 그려보리라
가을 안에

삶은 그렇게, 매 순간을 준비하며
마음속에 그리움을 담아가는 여정
마지막에 남는 것은,
우리가 그린 얼굴들

정월 대보름을 앞두고

동네 회관에서는
아저씨들이 윷놀이 말을 그리며
막걸리에 짠지를 안주 삼아 아침을 맞이하고

집집마다 오곡밥을 위해
광을 열고 팥, 콩, 수수, 찹쌀을 꺼내고

대보름이 무엇인지도 모르면서
덩달아 신난 바둑이는
이리저리 뛰며 어쩔 줄 몰라 하고

밤이 되면
바가지를 들고
이 집 저 집 오곡밥을 얻던
함박꽃 피던 사랑방

밤새 수다 떨던 친구들

대보름이면 그리울 테지만
이제는 휴대폰 화면 속에서
그 시절을 추억하며 웃고 있다니
세상은 참, 변하고 또 변하는구나

나 어렸을 때

말벌, 땅벌, 잡벌의 천적이었다
비료 푸대 갑옷을 입고
긴 대나무 장대 들고
벌집을 때리며 전쟁을 벌였다

성난 벌들이 갑옷 안으로 들어와
아우성치고
놀라서 푸대를 벗고 뛰어도
벌들은 내 몸에 붙어 쏘았다

얼굴이 부어 앞이 안 보이고
주먹이 안 쥐어질 정도로 부어도
빨래터 아줌마들은 웃으며 놀렸다
"쟤 또 벌하고 전쟁하고 오나 보다"

다음 날, 동생이 나뭇가지를 쥐어 주며
학교까지 길잡이 노릇을 했다

그렇게 벌과의 전쟁은
중학교 유학 전까지 계속되었다

무모함 속에서 자라며
아픔 속에서 배웠다

은행나무 가로수

아스팔트 위로 떨어진 은행잎,
누렇게 물들어 한 잎 두 잎 뒹구는구나,
겨울의 문턱 앞에 선 가로수,
잎을 벗어던지며 차가운 바람에 몸을 맡기네.

내년을 기약하며
고통 속에서도 희망을 품고,
그 몸뚱아리 일부를 떨구는 모습,
우리네는 예쁘다 말하니,
슬프고도 아름다운 가을이라.

이 계절의 슬픔 속에,
고요한 희생과 희망이 깃들어,
다시 올 봄을 꿈꾸며,
우리의 마음도 함께 물들어가리.

가을 어느날

떨어지는 낙엽에도
추억이 묻어있고
누군가의 정성과 땀이 스며있습니다.

그대에게 주고 싶은 것은
가을 속의 사랑입니다

잘 가꾸어진
탐스러운 사랑
손만 내밀면 닿을 수 있는 사랑

힘들고 긴 인생 터널 속에서
마지막 남은 한 모금 물이라도
그대가 원한다면
기꺼이 드리겠습니다

가을 풍경

가을 하늘이 이렇게 높고
붉은 구름에 잿빛 물결
정열의 노을

능선마다 제각기
그림 같은 자태

길가에 멋대로 피어나
한들거리는 코스모스

칡덩굴은 나무를 감싸며
굳은 의지

밤새 울려 퍼지는
풀벌레의 평안

가끔씩 부는 바람과

테이블 위에 진하지 않은 커피

그리고 그이와 나

가을이다

깊은 평화 속에서

우리의 영혼을 채운다

가을의 손길이

고향 논두렁에서

오곡이 익어가고
누런 들판이 생각난다

이맘때면
따가운 햇살 아래
쉬지 않고 고추를 수확하는 노인네

삼베 적삼이 땀에 젖어
자식을 위해
가을볕을 이기려 애쓰네

허리에 쥐가 나서야
점심때인 줄 알고
급히 점심 준비에 바빠진다
우리아들 배고플까 싶어

이제는 들판에 아무도

보이지 않는다

눈물로 엄마를 불러봐도
땅을 치며 찾아봐도
쓸데없는 그리움뿐
엄마는 없다

그래도 가을 들판에 간다
엄마가 있을지 몰라서...

벌써 오나보다

장독대를 옮기려니
가을이 문득 튀어나온다
귀뚜라미 소리

새벽 창문 사이로
가을이 들어온다
맞을 준비도 안했는데

여치의 노래에
방아깨비도 덩달아 등장

포근히 다가온
가을

갈수록 짙은 맛
우리 삶도
자연의 깊이처럼

서서히 무르익어 가기를

깊은 밤에

가을비와 두런두런
얘기를 나누고
그동안 보이지 않았던 모습을 보며
빗물이 처마를 타고
떨어지는 소리를 들으며
깊은 생각에 잠겨본다.

가끔씩 부는 바람에
휘날리며 갈피를 잃은
가을비…
어찌할까?
어떻게 할까?
망설임에 정신이 혼미해진다.

삶의 우선순위는 무엇이며,
진정한 의미는 어디에 있는지
가을비도 답을 알지 못한 채

허공에 질문을 던지며

끝없이 내리기만 하는구나

속시원히 해줄

소나기가 내리면 좋으련만...

마음 심난한

가을비만 내리는 밤에

참 이상한 계절

가을비가 내릴 때마다,
허전함과 외로움은
새벽의 포근한 이불처럼
아늑함을 선사하네.

길 모퉁이 들국화는
보이지 않는 기다림 속에,
깊은 그리움을 숨기고
우리 삶의 갈망을 닮아 있네.

솔바람은 여린 마음을 흔들어
지나간 인연과
아물지 않은 추억을 떠올리게 해,
감정의 소용돌이 속에 우리를 놓아두네.

존재의 외로움과 아늑함, 그리움과 설렘,
기억과 상처가 뒤섞인 이 계절 속에서

모든 감정의 깊이에서 비로소 존재가 탄생한다

진정한 자신을 만들어가는
여정을 시작하게 하네.

멍석딸기

지게에 낫을 걸고
새벽 공기를 가르며
삼베 적삼 차림으로
밭뚝으로 소 먹일 깔을 베러 나가신다.

해가 뜨려면 아직 멀었건만,
자식들 깨울세라
숨죽인 발걸음에 낫 소리도 없고,
그저 소리 없이 깔을 베러 가신다.

엄니는 모르는 척 뒤척이며
없는 살림이 안쓰러워도
한숨 속에 부엌으로 향하신다.

난 다 봤다.

해 뜨기도 전에,

아버지의 한 지게 깔 짊어지고
여물통 옆에 부리시며
깔 위에 놓인 한 줌의 산딸기

이슬이 마르기도 전에,
시장할 때 요기 될 법 한데
아버지는 왜 그리도
산딸기를 꺾어오셨을까.

지천에 널린 산딸기인데
자식이 뭐라고

깨어 있는지도 모르고,
자식을 부르며

옛따! 산딸기다.

산딸기보다
눈깔사탕이 더 좋은데,
산딸기가 뭐가 맛있다고,
그 옆에 놓인 한 줌의 깨금.

시간은 산딸기의 새빨간 빛 속에서,
사랑의 표식으로 남아.

어찌할꼬

부뚜막 끝자락에 놓인
굴러다니는 사기종지

어떤 돌을 뽑아
어디다 맞춰야,
굿판을 벌여야 할지 모를
혼돈의 나날

백두산의 신령이 내려다봐도,
용궁의 용왕이 올려다봐도,
미쳐 날뛰는 꼴
어찌할꼬, 이 통을~

웃던 개조차도
한남동 가자 하면
꼬리를 세우고 이빨을
드러내니.

매를 들면 나아질까?
술판을 벌리면 나아질까?
장기판을 내맡겼더니
엿장수보다 못한 수를 두네,
어찌할꼬, 이 꼴을~

새벽 안개 속에서 피어오르는
첫 빛을 보며,
우리도 언젠가는
새로운 길을 찾으리라는 희망을 본다.

수채

개울가 능수버들은
솜털을 곱게 갈아입고,
내리는 빗방울 속에서
봄꽃 얘기로 시간 가는 줄 모른다.

노란 병아리만큼이나
귀엽게 핀
산수유 향을 맡으며,
봄 내음에 젖어본다.

간혹 들리는
빗방울 소리가
세월의 흐름을 멈추고,
이 순간
떠오르는 생각들.

비를 맞으며

진달래 피어 있는 동산에 오르고 싶고,
비를 맞으며
봄향기 가득한
논두렁을 걸으며,
냉이랑 달래를
담아보고도 싶다.

내리는 비를
바라볼 수 있는
작은 오두막
창가에 앉아,
그리 진하지 않은
커피를 나눠 마시고 싶다.

물로 그린 봄

물안개를 가르며
여기저기서 들려오는
산새 소리,
무슨 좋은 일이 있기에
저리 재잘거리는지.

물안개를 품고
평안함으로 내려다보는
산 능선마다
자상함이 보이고,
안개 속 희미하게
보일 듯 말 듯한
소나무는
간혹 부는 봄바람에
신이 나 어찌할 줄 모른다.

새벽 이슬로

봄을 그려낼
이름 없는 풀님들은
그 누구보다
봄을 반기고,
물안개로 뒤덮인 작은 마을,
강이 흐르는
사람 냄새가 나는
이곳에
봄이 다가오고 있다.

사월

사월이 온다기에
강아지풀 솜털을 기다리며
새싹을 맞이했다.
사월이면
이 산 저 산 꽃으로 물들고,
수줍은 들뜸이 있을 줄 알았는데…

사월이 저물어 갈 때야
알았다,
역시나
사월은 사월이었다는 걸.

강산은 변함없이
피고 지고를 반복하는데,
세월 속에 우리는
묻혀만 가고,
사월은

어떠한 모습으로도 다시 오겠지만,
다시 맞이할 우리는
어떻게 맞이할지…

무제

산등선마다 붓으로
그린 듯 선명하고,
고요함을 깨트리며
소쩍새는 가끔씩 님을 찾고,
앞 개울엔 개구리가
잔치를 벌인 듯 노래자랑을 한다.

적막 속에서
희미한 달빛이
무엇을 비추려는지 모르지만,
잔잔하게 비추는 모습이 정겹다.
가끔씩 부는 바람에
갈잎이 흔들리고,
그 모습 또한 참 좋다.

꽉 막힌 도회지를 벗어나
푸른 잔디를 밟으며,

먼 산을 보고 새소리를 들을 수 있어,
행복하다.

절기

새벽엔 제법 가을의 향기가
느껴진다.
며칠 더 지나면
밤송이도 영글어
한몫 하겠지.

들판 곳곳은 누렇게
물들고,
나뭇잎들은 치장을 마치면
진짜 가을이 오겠지.

이렇게 절기에 맞춰
흐르는 것이 계절이건만,
왜 이리도 서러운지…
이쁜 꽃을 보아도,
맛있는 음식을 앞에 두고도,
색깔도, 맛도,

흥미를 잃어버린 세월.

발가벗고
개울가로,
뒷동산으로 뛰어놀던
그 시절은 어디로 갔는지.

변화의 바람에
그리운 시간이
조용히 멀어진다

백일홍

가을비가 그치고 나면,
애원해도 떠나갈 님이지만,
비를 맞으며 떠날 줄은 몰랐네.
우산도 쓰지 않고,
걸어가는 그 모습이 어찌 저리도
가벼운지.

애꿎은 빗방울이
왜 이리도 원망스러운지.
어디로 간다는 말도 없이,
다시 온다는 약속도 없이,
비 속에 인사도 없이
무정한 님이 떠나네.

여름 내내
미소로 반겨주며,
백일 동안 안아주며

사랑스레 바라보더니,
내년 여름이면
혹시나 손짓하려나.

자꾸만 내리는 가을비가
님을 떠미는 것 같아
야속하기만 하다.

그러나,
다시 만날 기약은
그리움 따라 흐르네

가을을 만드는 것

소리도 없이
장관을 이루고,
색깔도 모양도 다르지만
참 이쁘게도 어울린다.

아침 이슬을 맞고
햇살에 빛나는 너의 모습이
너무도 아름다워
눈길을 돌릴 수가 없다.

그윽한 향기로
사로잡는 너는 천상 가을이구나.
바람부는 냄새도,
스치는 모습도,
한줌의 흙 내음이
가을을 여물게 한다.

산기슭 돌창에는
산머루가 익어가고,
보리밭이 익어갈 때,
보란듯이 속살을 내보인
으름도 한참이겠지.

이렇게 가을은 익어 가는데…

어버이날의 기억

왼손에 선물 가방을, 오른손엔 카네이션을 들고
봄바람을 가르며 "엄마 나왔어" 하며 안아 주고 싶은데
꽃 한 송이 달아줄 아버지도, 어머니도
계시지 않는 나는 산을 오른다

언젠가 가슴에 카네이션을 달고
"우리 아들이 바쁜데 왔다 갔어" 하시며
자랑삼아 날이 저물도록
달고 다니시던 어머니

얼굴 한 번 본 것으로도 흐뭇해하시던 아버지
"그놈 참 다 컸다" 한마디에 위안을 삼으시더니...
이제는 그 말조차 들을 수 없네

눈물이 흐른다, 이 글을 쓰면서
한스럽고도 애틋한 마음에 눈물이 나네
무조건 보고 싶고

감사하다는 말씀 두 분께 올립니다

나도 이제 아버지인데도
그래도, 여전히 보고 싶어요
산을 오르듯, 그리움을 안고

친구의 모습

책보 허리에 매고 뛰며
고무줄 놀이를 하던 개구장이,
칠판에 사랑 고백 쓰고
지우개 숨기던 장난꾸러기,
겨울 냇가에 물을 뿌려
미끄러지는 모습을 즐겼던 말썽꾸러기,

그리운 친구들아,
너희는 거울이었지.
보고 싶다

너희의 모습 속에서
우리의 추억 속에서
진정한 나를 본다
너의 투명한 모습에 비친 얼굴

2부

겨울에 두고 온 관계

서두르지 말고

세상을 살다 보면,
가던 길 멈춰서서
이 길이 아니라고
돌아설 때가 있다.
가 보지 않고도
결과를 알 것 같은 길은
멈춰서는 것이 옳다.

운전하다 보면,
길을 잘못 들어
목적지를 빙빙 돌아
늦게 도착하는 경우도 있다.
괜찮다.
그냥 길을 잘 몰랐을 뿐이니까.

인생의 길에서도,
방향을 잘못 잡았다 싶으면

돌아가거나 멈췄다
다시 출발해도 된다.
세월이 흘러,
큰 인생의 재난으로 인해
땅을 치고 후회하지 않으려면 말이다.

누구나 한 번에 똑바른 길을
택하기는 어렵지만,
다시 돌아
조금 늦으면 어떤가.
잘못된 길인 줄 알면서도
계속 가는 포장길보다 **빠**를 것이다.

젊은 날의 나에게

젊은날의 꽃은
화려하지 않아도 되지만
황혼의 꽃은 화려하면서도
웅장해야 한다
젊은날의 빛은
밝지 못하더라도
황혼의 날들은 빛나며
탐스러워야 한다
젊음은 모든걸 잃어도
도전의 기회가 있지만
황혼의 실패는
어둠을 예고할뿐 기회조차 없다
성공도 실패도 본인이 짊어지고 산다
도움을 받을 수는 있지만
대신 살아 주는것은 결코 아니며
부모라 할지라도
항시 곁에 있을 수는 없고

때가 되면 홀로서기를 해야만 한다

무임 승차

차표 없는 인생 열차에
몸을 맡긴 지 언~ 오십 년,
귀하게도 태어나
인생의 아픔과 즐거움을 겪으며
길잡이 없는 터널을 지나왔다.

누구도 반기는 이 없는
긴긴 비바람을 맞으며,
지금도 여행을 하고 있다.
얼마나 더 가야만
나의 종착역이 나올런지…

봄이면
사랑을 따먹으며
봄꽃 놀이에 신이 나고,
여름이면
계곡에서 놀며

그대 얼굴만 쳐다보고.

가을이 되면
연보라 고깔모자 쓴
산 도라지와 벗 삼아,
이 산 저 산 단풍놀이를 다니고,
겨울이 오면
군고구마 호호 불어
내 님 입에 넣어주며.

붉은 태양이 저물어 갈 때,
둘이 마주보며
"잘 살아왔다,
그대 때문에 행복했소."
한마디 남기고 싶다.

차표 없는 인생열차는

어디로 향할지 모르는 여정이지만,
계절의 변화를 함께 느끼며,
사랑하는 사람과 함께라면
그 어떤 종착역도
두렵지 않다.

그대와 함께한 모든 순간이
진정 행복이었다고,
조용히 속삭이며.

첫눈의 속삭임

하늘에 첫눈이 내리네, 잿빛이 반짝이는 오늘
코끝 시리던 어린 날들, 마른 콧물조차 따스했던
손끝의 눈덩이, 장갑 없이도 즐거웠던 시간들
뒤엉킨 눈싸움 속 웃음소리, 그리움에 물들어

눈이 내리네, 마음 한구석 두려움이
출근길의 무게, 현실의 냉혹함
어른이 된 지금, 조금은 야속하지만

눈은 여전히 속삭여
잃어버린 순수를 되찾으라
삶은 잃은 것을 찾는 여정
마지막 눈송이, 희망의 조각이니

때아닌 겨울비

추위도 잊은 듯
하염없이 아픔을 표하듯
동지섣달에 하늘이 운다

무엇이 그리도 서러운지
한 치 앞을 못 볼 미래가 두려운지
누구 한 사람으로 인해
모두가 무덤 앞에 비석을 세울 운명이라 그런지

비통함을 넘어 한심할 뿐

지키려 목숨 바친 대가가
한 사람 잘 먹고
한 사람 마음대로 흔들고 살라고
싸워 지켜낸 건 아닐 텐데

죽음은 끝이 아니라 새로운 시작

삶의 무게 속에서도 우리는
그 깊은 의미를 찾아야 한다

창피해서 비행기를 탈 수도
국적을 떳떳하게
말하지 못하게 되었으니

하늘이 사흘간 통곡한다

곧

시리도록 보고픈
내가 살았던
뒷동산과 얼어붙은 개울가

엄마하고 부르기만 해도
맨발로 뛰어나오실 엄마
목소리만 들어도
울먹이는....

지금쯤이면
떡쌀을 물에 불려놓고
아들 먹일 맘에
손두부는 아마도 벌써 해놓지 않았을까..?

하루..! 하루..!
이제나 올까
저제나 올까

서낭당 신작로길을 하염없이
바라보며

마당을 쓸고 계시겠지

겨울방학

부엌에 시커멓게 그을린 냄비에
시래기국 한 그릇 푸고
찬밥을 뚝뚝 말아
한 숟가락 입에 밀어넣는다

참 맛있다
역시 울엄마 시래기국은 제일이다

한 그릇 뚝딱 먹고 나면
새총을 갖고
잡지도 못하지만 제법 폼을 잡으며
참새 사냥을 나간다

어릴 적 겨울방학은 그렇게
시작했는데…

그 한 그릇에 담긴 따스함

그 깊은 온기로

다시금 세상을 만난다

그대가 오신다기에

그대가 오신다기에
나의 마음을
국화향 가득한
찻잔에 담아
내놓았습니다

짙어가는 가을밤
불빛에 비친 그대 모습을
그리며 가을의 차를 만듭니다

이 밤이 가더라도
추억만은 쌓아놓고 가세요

겨울비 내리는 새벽에

새벽부터 겨울비가 내리는데
당신은 무엇을 하고 있을까
밤이 새도록 그리워 잠 못 이룬 나를
기억이나 할까

밥을 먹지 않아도 배가 고프지 않고
잠을 자지 않아도 잠이 오지 않는다
시간이 어떻게 흐르는지
세상이 어떻게 돌아가는지
아무런 관심이 없다

오직,
당신이 어떻게 지내는지
밥은 먹고 있는지
아프지는 않는지
울고 있지는 않는지

당신에 대한 걱정이
더욱 그립게 만든다
이 생각들이
나를 더 힘들게 한다

겨울비 내리는 새벽에
당신이 너무도 그립다

아버지

아버지는 밖에서는 대장이지만
집에서는 언제나 쫄병이다.
아버지는 집에서 어른인 척 하지만,
어릴적 친구들 앞에서는 소년이 된다.
엄마는 모두가 보는 앞에서 기도를 하지만,
아버지는 아무도 안보는 곳에서
신문을 보는 척 하며 기도를 한다.
자녀가 늦게 들어올 때
엄마는 전화를 걸어 악을 쓰지만
아버지는 묵묵히 어둠 속의 현관으로 나가서 막 돌아온 자식의 신발이 있는가 조용히 확인할 뿐이다.
엄마는 울었기 때문에 세수를 하지만
아버지는 울기 위해 세수를 한다.
엄마의 가슴은 봄과 여름을 왔다 갔다 하지만,
아버지의 가슴은 가을과 겨울을 오갈 뿐이다.

아버지의 술잔에는 눈물이 절반이다.

어머니

불러만 보아도
가슴이 뭉클해지는 엄마
무슨 부귀영화를 누릴거라고
새벽녘 몸뻬 바지에
호미자루 움켜쥐고
고기 한 점이라도 자식 입에 넣으시려
생선 대가리가 더 맛이 있다던 엄마
낮엔 자식 위해
몸둥이를 도끼 삼아 일하시고
밤새 끙끙 앓으시고
새벽엔 언제나 부지런을 떠시던
울 어머니
내가 자라 아이를 낳고
내 입맛이 어머니를 닮아 갈 때
어머니는 곁에 없다.
무엇을 의미하는지 모르지만
내가 의지할 곳이 없는

텅 빈 것 같은 마음.

보고싶어요 어머니

생각해보니

생각해 보니
자식들 생각에
실실 웃음이 난다
어찌나 이쁜 짓을 하던지
아기였을 때...

생각해 보니
한숨이 난다
왜 이렇게 살았는지
잘난 멋에 살았고
멋진 멋에 살았던 것...

후회는 없다
자식들에게 모든 사랑을 주었으니
후회가 막심하다
좀 더 이해하며 살 것을...
한숨과 웃음이 반반이다

오지 않는 어버이날

이맘때면 카네이션을 들고 달려가
아버지 어머니의 양손을 꼭 잡고
맛난 음식을 함께 하고 싶었는데…

이 산 저 산 엄마 따라 다니며
고사리도 꺾고
산새소리도 듣고 싶은데

부모님이 나를 낳아 기른 정성,
부처에 비할까…
예수에 비할까…

내 머리카락이 희어가고 나서야
어머니가 보고싶은 것은
애달픔은 흰머리와 자라나거나
후회를 먹고 자란다.

이제야 자식이 되었을 것을.

3부

앞에 놓인 시간

새로운 설렘

시간이 흐르고,
나이를 먹고,
세상이 바뀌고,
내 모습이 변했는데,
이렇게 가슴이 뛰고,
이렇게 그리워할 줄은 몰랐다.

나이를 먹을수록 추억을 먹고
산다는데,
인생을 다시 쓰려 하니
아이들처럼 설렌다.

눈을 뜨고 있어도,
운동을 할 때도,
밥을 먹을 때도,
온통 설렘으로 가득하다.

이것 또한 거역할 수 없는 운명이라면,
이 설렘이
새로운 인생을 만들지 않을까

겨울이 지나 봄이 오고,
꽃이 지고 또 피는 것이
세상의 이치지만,
떠난 마음은 돌아오지 않고,
향한 마음은 도돌이표가 없다.

어둠 속에서 시작하는 하루

날이 새려면 아직도 멀었는데,
천장을 보고 누워
이런저런 생각을 해본다.
작은 하루부터
큰 앞날까지,
그렸다 지우기를 몇 번씩 반복한다.

나의 곁에 머물러 있는 사람들,
내가 곁에 있어야만 하는 사람,
내 곁에 있어줘야 하는 사람,
내 곁을 떠나 보내야 하는 사람들.
굵직한 선과
선명한 선과
흐려져가는 선이 그려진다.

고뇌도 번뇌도,
선택도 책임도

모두 나의 몫이겠지만,
어둠은 아직도 그대로이다.

되돌아 생각해보고,
뒤척이며 다시 생각해보아도,
지금 내 곁에 있는 사람을
아끼고 사랑하는 것이
진정한 삶인 듯하다.

순간순간마다 행복하다 보면,
인생이 행복으로 이어지겠지.
오늘도 하루는 이렇게 시작된다.

삶의 행진

산을 넘으면 또 다른 산이 보인다
가슴을 쥐어짜며 올라가도
그 뒤에는 또 다른 산이 있다
이럴 줄 알았다면
처음부터 오르지 않았을까

하지만 내려가기보다는
보이지 않는 다음 산을 향해
다시 걸음을 내딛는다
지금, 이 순간에도

삶은 끝없는 산을 오르는 여정
고통 속에서도 우리는
다음 산을 향해 걸어간다
그곳에 무엇이 있을지 알 수 없어도
그 모든 산이 결국
우리의 길을 만들어준다니

인생의 모순

태어나 사는 것이 인생이라지만
그 안에는
기쁨도 슬픔도 아픔도
담아내는 것이 삶이다

그릇 안에 무엇을 채우든
땀과 노력, 정열이 깃들지 않겠는가
삶, 만만치 않지만
그리 어렵지도 않은 게
인생이다

삶은 끝없는 갈등 속에서
희망을 찾는 여정
때론 고통이 우리를 더 강하게 만들지만
그 강함이 더 큰 고통을 부르기도 하니
삶은 아이러니한 축복과 저주

삶의 진정한 묘미는
이 모순 속에서
우리가 빚어내는 의미에 있다

걷기

의미 없는 삶이라도
오늘도 나는 걷는다
부조리한 세상 속에서
누군가를 위해, 나 자신을 위해

따뜻한 시선과 책임감 속에
삶의 부조리 속에서도
장점과 단점으로
나를 만들어간다

인생은 부조리의 연속
오아시스를 찾아도
목마름을 다시 느끼며
오늘도 나는 걷는다

이젠

짙어가는 가을처럼
우리 몸도 저물어가고
겨울엔 추억을 심어
미소를 띄워보네

봄날엔 희망을 심어
아직이라는 말을
이루었다로 바꾸네

우리가 그늘을 찾았다면
이젠 그늘이 되어주니

홀로 가지 않고
홀로 욕심내지 않네

가는 시간 속

꽃잎이 지면
다 끝나는 줄 알았는데
또 다른 시작이 온다는 것을
잊고 살았네

짧은 생 동안
꽃도 피고
향기도 피우고
죽도록 일도 하고
사랑에 아파도 봤다

부질없는 것을 모으고
어이없이 담기도 했는데
세월이 약이 된다 했던가

하루하루가 추억을 낳고
아주 긴 시간이 지나면

추억을 먹으며 살겠지

아픔 속에서도 새로운 시작을 찾아
우리는 또 다른 길을 걷는다

별들의 숫자

감나무 아래
들마루에 누워
하늘을 보노라니
초승달은 옆
별들의 숫자만큼
생각이 많아진다

개 짖는 소리
풀벌레의 울음소리
가끔 들리는 자동차 소리

그리던 풍경
쟁반 위에 푹 익은 김치 한 접시에
막걸리 한 주전자 받아서
친구랑 주거니 받거니
이게 삶인데

삶은 소소한 순간들의 연속

찬 공기

먹고 살겠다고
오밤중에 일어나
이른 찬 공기를 가로질러
일터로 향하는 모습,
고귀한 투쟁의 행렬처럼 보이지 않는다.

먹고 살겠다고
찬 없는 컵라면을
꾸역꾸역 목에 밀어 넣는다.
이것이 진정한 삶인가?

삶을 왜 이리도
스스로 힘들게 사는지,
존재의 무게에 괜히 짜증이 난다.

타고난 운명인 것을...
운명을 사랑하는 자유만이

온전한 내 것이다.

해바라기

언제나 한 곳만 바라보며
누구를 기다리는지
변함이 없구나

곧게 뻗은 모습에
듬성듬성 난 잎사귀는
님을 향해 손짓하다
지친 모양새

비바람 맞으며
기나긴 세월을 참고 견디며
기다려 왔거만
들리던 님의 발자국 소리도
점점 멀어져 가고

곱디고운 때
님의 옷자락 부여잡고

떠나지 못한 것이
이토록 한이 남을 줄은

님 그리다
한 세월 다 보내고
남은 건 헤진 가슴과
볼품없이 늙어버린 몸뚱아리 뿐
서러워서
어찌 살거나

사는 동안

내가 살아온 날보다
살아갈 날이 짧기에
당신을 더 사랑하고
아끼고 싶습니다
가끔은 다툼이 있어도
숨김 없이
진실된 마음으로 지키고 싶습니다
하루하루
심화되는 우리의 사랑을
혹시나
누군가 질투할까 숨기고 싶습니다

이제는

이제는

보편적인 일상의 반복을 넘어

너를 기록하고 싶다

아침마다 문밖으로 나서며 새로운 시작을 느끼고

생기 넘치는 목소리로 에너지를 충전하며

분위기 좋게 함께 시간을 보내며

마음을 나누고

봄엔 사랑의 꽃을 피우며

여름엔 함께 떠나는 휴가를 계획하며

찾고 싶다. 이제는…

변하지 않는 이야기

익어가는 세월 속에서
한 가지가 떠오른다.

행복은 힘있고 당당한 목소리나
머리를 숙이는 것은 아니지만
보편적인 성품을 유지하며
이해하고 사랑하는 삶

가족이 나보다 더 많이 웃고
행복을 찾을 수 있다면

오늘 하루를 헌신해야겠다.
내 마음도 편할 수 있게.

여행하는 마음

여행하는 마음으로
세상을 바라보며
길을 걷다가
비 오는 날,
젖어가는 들판을 보며
우리의 삶도 젖어가나.

순간의 맛을
음식을 먹으며
그 사람이 떠오를 때,
그 또한 그럴까?

어디 아픈지
밥은 먹었는지
염려에 잠 못 이룰 때,
그도 그럴까?

시간이 흘러가고,
더 많은 속앓이를 해야
이해할 수 있겠지

슬픈 노을

온 세상 사람들이 공감할 수 있는 저녁,
푸른 숲 사이로 붉은 노을이 물들고,
짙은 녹음 속에서 더욱 빛나는 노을을 본다.
그 속엔 고독한 그림자가 아른거리고,
흐느끼는 듯한 숨결이 들리는 듯,
노을은 힘없이 넘어간다.

바람에 실려오는 아카시아 향이
코끝을 스칠 때,
눈물 같은 이슬이 맺힌다.
슬픔이 아닌,
내일의 희망을 품고 있다.

오늘의 노을은 고요히 사라지지만,
내일의 노을은 오늘보다
조금 더 붉게 빛나기를 바라며.

그 며칠의 아름다움을

그리도 도도했단 말인가?
봄바람에 날리는 너의 모습이
이제는 얼마나 형편없나

붉고 연홍빛으로
유혹하더니만
며칠 사이 볼품없어졌구나.

소나무는
어찌 저리도 든든한지.

내년에도 후년에도
또 짧은 화려함을 보이겠지.
짙은 녹색의 산과 들 사이에서
녹음이 되지 못하는 낙화여

인생길

쫓지 않아도 흐르는 시간이요,
밀어내지 않아도 찾아오는 세월입니다.
더디 간다고 혼낼 사람 없으니,
천천히 산책하듯 가면 좋겠습니다.

계절 변화를 바라보고,
시냇물 이야기에 귀 기울이며,
구름 흐름을 새겨듣고,
너그럽게 가면 좋겠습니다.

오늘부터 잘 웃고,
긍정의 말로 감사하며,
나를 낮추고 겸손한 마음으로
당신을 소중히 여기며 삽시다.

한 발 뒤에 서면 더 잘 들리고,
한 발 아래 서면 더 잘 보입니다.

우리는 행복한 웃음으로
사랑을 나누며 삽시다.

외롭지 말라고
사랑하는 사람을 보내주셨고,
쓸쓸하지 말라고
친구를 맺어주셨으며,
춥지 말라고
가족이란 이불을 덮어 주셨습니다.

철학

식당에서 많은 메뉴 중 하나를 고르고,
옆 사람이 음식을 보면 우리는 또 후회한다.

경제력도 인품도 집안도 필요없다며 했던 사랑도
돈만 보며 달렸던 인생도

과거과 미래를 두루 둘러보는 사람보다
현재를 사랑한다면
덜 후회할 것을

지금 여기, 사랑하고 더 사랑받는다면
덜 후회할 것을
오늘도 순간마다 행복하시길…

계산

물결치는 세상 속에서 우리는 걸어간다
하나를 주고 두 개를 바라는 계산 대신
하나를 잃었다고 두 개를 채우려는 욕망 대신
빈자리를 받아들이고 마음을 나눈다.

아픔은 나누며 덜어내고
사랑은 더하며 키워가며
상처는 빼내어 치유하고
기쁨은 곱하여 퍼뜨리며

우리가 던지는 작은 돌들이
물결로 돌아와 우리를 감싸리라.

무지의 용기

바람 부는 들판 위, 무지가 용기를 가져온다
어설픈 의사에겐 생명이 위험하듯
무지한 용기는 세상을 흔든다

망상과 상상은 자유지만
행동에는 책임이 따른다는 사실
아이들도 아는 진리인데
무례한 태도로
고대의 무법 시대를 연상시키는구나

봄을 시샘하는 추위가
얼마나 불어야
진정한 근본과
자신의 위치를 깨닫게 될까

자신의 허물을 가리려
남의 시선을 돌리는 꼼수인지

저 먼 산을 향해

한탄이라도 해야

뒤틀린 마음이 조금이나마 풀릴까

오늘

눈을 감으면 어둠이 가득하고
눈을 뜨면 현실이 아득하다
어떻게 이런 일이 일어날 수 있는지
답답함이 가슴을 짓누른다

돌아가는 세상 모습에
숨이 막히고
무너진 마음에
눈을 가린 채 길을 걷는 듯한 기분

위험이 도사리는 세상 속에서
한탄만이 메아리치네

우리가 겪는 모든 어려움은
새로운 시작을 위한 발판이다.

영원의 순환

인생은 나무와 같아서
새싹이 돋고 꽃이 피고 열매를 맺듯
우리 삶도 자연의 순환 속에 있다

30까지는 새벽의 이슬
꽃을 피우기 위한 첫 빛의 시기
30에서 60까지는
황금빛 햇살 아래 온 힘을 다하는 정오
60에서 90은
저녁 노을 속에 황금 열매를 거두는 시간

이 모든 순간은 영원의 순환 속에 있고
우리가 겪는 모든 일은 다시 반복될 것이다

행복은 쌓아두는 것이 아니라
빛과 바람 속에 나누며 더 커지는 법
모든 순간을 영원히 반복되는 것처럼 살아가자

비록 몸은 늙어가도

마음은 언제나 다시 꽃피는 봄일 테니

그대여 보구려

또 한 해가 저물어 가고
추억 속으로 사라지네
곱던 눈가엔 잔주름이 늘어가고
당신도 세월을 이길 순 없네요

나 하나 믿고 집을 떠나
가슴 아리며 살아온 날들
떠나고 싶은 마음을 억누르며
살아온 당신, 미안해요

올해가 가기 전에 꼭 말하고 싶었어요
고맙다고…

이제라도 그 옛날,
당신만을 바라보던 그 시절로
마음만은 돌아가 보려 해요

몸은 예전같지 않지만
마음은 지금 이 순간이
더 넓고 포근해요

우리가 만든 세월의 강

비 내리는 날의 그 우정,
시끌벅적한 웃음소리,
삶의 작은 충돌들 속에서도
우리는 함께였지.

서로의 어깨를 두드리며,
철없이 자라온 세월 속에서도
그 우정을 지켰지.
한잔의 술로 모든 걸 잊고,
그래서 우리는 사십 년을 함께했어.

이제는 흰머리를 보며
서로를 위로해.
변치 않는 소나무도
가끔은 잎을 쉬어가듯,
우리도 그렇게 인생을 다듬어가며
지금처럼 함께하자.

친구들아,
먼저 떠난다고 말하지 마.
우리 함께한 그 시간들은
강물처럼 흘러왔으니,
먼저 가지 말고
함께 걸어가자.

추억 속에 갇히지 않고,
지금 이 순간을 살아가며,
그리움에 사무치지 않게,
우리는 언제까지나
함께 놀자.

사십 년의 세월을 지나
우리는 여전히,
변하지 않는 친구야.

바람

어쩌다 아침이 두려울 때가 있습니다
밤새 흐른 시간에 한숨이 지어지고
빠르게 흘러가는 세월 앞에
헛된 꿈만 쌓아둔 젊음이 아쉽기만 합니다

이제는 손편지도 쓰고
함께 장도 보며
현관 앞 장미로 집을 꾸미고 싶습니다

봄날, 산수유와 진달래, 목련꽃 피우며
기쁜 소식만 전하는 배달부를 기다리며
둘이서 함께, 새로운 꿈을 그리며
끝없이 빛나는 시간 속에서

에필로그

소중한 당신께

소중한 오늘 되시고,
귀중한 오늘 되시고,
행복한 오늘 만드시길.

하시는 일마다 행운이 깃들고,
가는 곳마다 빛이 나며,
만나는 사람마다
복받으시길.

드시는 음식마다
피와 살이 되고,
잠자는 시간에도
이쁜 꿈만 꾸시길.

당신으로 하여
희망을 불사르고,
당신으로 하여

소망을 이루도록.

당신으로 하여
아픔의 고통이 사라지고,
순간순간마다
삶의 기쁨을 느끼며,
순간순간마다
평온함을 누리며,
순간순간마다
기쁨이 숨쉬는 오늘이 되시길.

.

시간이 존재에 남긴 흔적에 관하여

초판 1쇄 발행 2024년 7월 31일
저자 박종철
펴낸이 김영근
편집 김영근 최승희
펴낸곳 마음 연결
주소 경기도 수원시 팔달구 인계로 120 스마트타워 1318
이메일 nousandmind@gmail.com
출판사 등록번호 251002021000003
ISBN 979-11-93471-14-2
값 12000